Erste einfache Wörter

– Übungen mit Selbstkontrolle –

Michael Junga

AF204439

Impressum

Titel: LEVISO – Erste einfache Wörter – Übungen mit Selbstkontrolle
Autor: Michael Junga
Umschlagmotive: Anja Boretzki
Illustrationen: Anja Boretzki
Druck: Leo Paper Products Limited, CN

Verlag an der Ruhr
Mülheim an der Ruhr
www.verlagruhr.de

Geeignet für Kinder von 5–7 Jahren

Verlag an der Ruhr

Spielanleitung

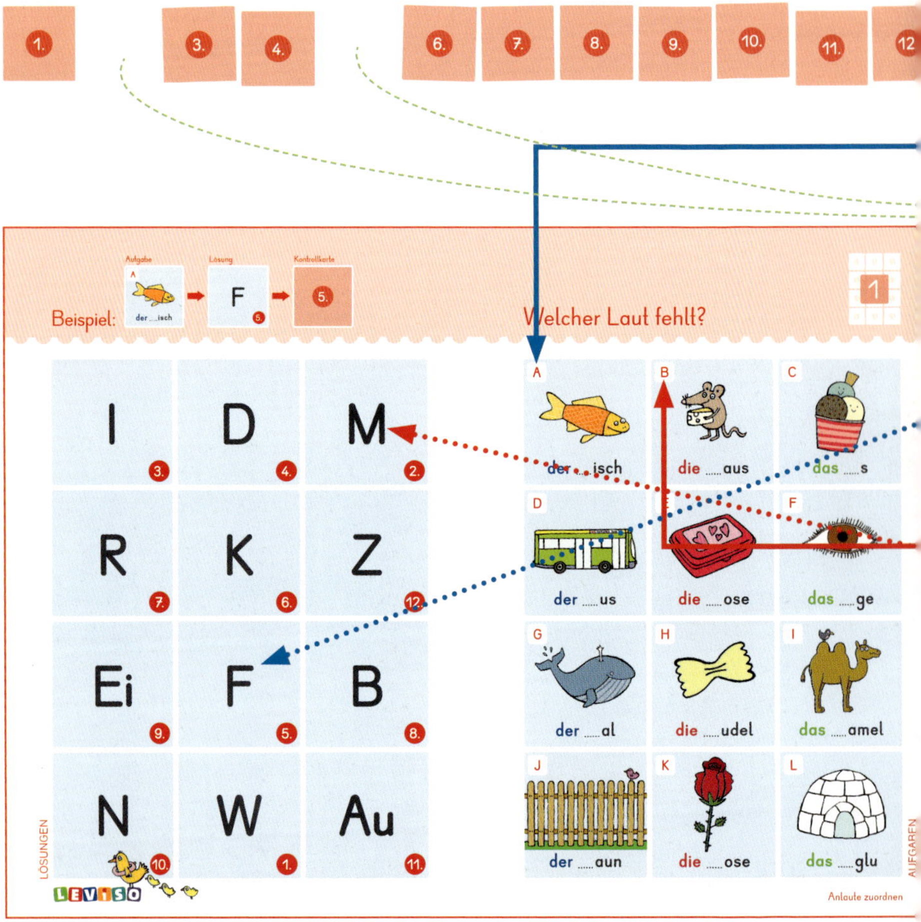

Aufgabe   Lösung   Kontrollkarte

A

Beispiel: der ___isch → **F** 5 → **5.**

Welcher Laut fehlt?

I 3.	D 4.	M 2.
R 7.	K 6.	Z 12.
Ei 9.	F 5.	B 8.
N 10.	W 1.	Au 11.

LÖSUNGEN

AUFGABEN

1

A — der ___isch
B — die ___aus
C — das ___s
D — der ___us
F — die ___ose
F — das ___ge
G — der ___al
H — die ___udel
I — das ___amel
J — der ___aun
K — die ___ose
L — das ___glu

Anlaute zuordnen

In diesem Heft kommen einfache Wörter ohne
c, x, y, ß, aa, ck, qu, sp, st, doppelte Konsonanten vor.

Link zum Anleitungsvideo:
Um das Video in unserem Shop anzusehen, bitte den QR-Code einscannen und auf der Produktseite nach unten scrollen.

1. Lege deine Kontrollkarten über deine Aufgabenseite.

2. Schaue dir Aufgabe A an. Welcher Laut fehlt?

3. Suche links die Lösung. Unter der Lösung findest du die Nummer deiner Kontrollkarte.

4. Lege deine passende Kontrollkarte 5 rechts neben das Heft.

5. Schaue dir Aufgabe B an. Welcher Laut fehlt?

6. Suche links die Lösung. Unter der Lösung findest du die Nummer deiner Kontrollkarte.

7. Lege die passende Kontrollkarte 2 rechts neben die Kontrollkarte von Aufgabe A.

8. Passen die Muster von deinen Kontrollkarten genau zusammen? Dann machst du weiter, bis du alle 12 Aufgaben von A bis L bearbeitet hast.

Wenn die Muster genau zusammenpassen, hast du alles richtig gemacht.

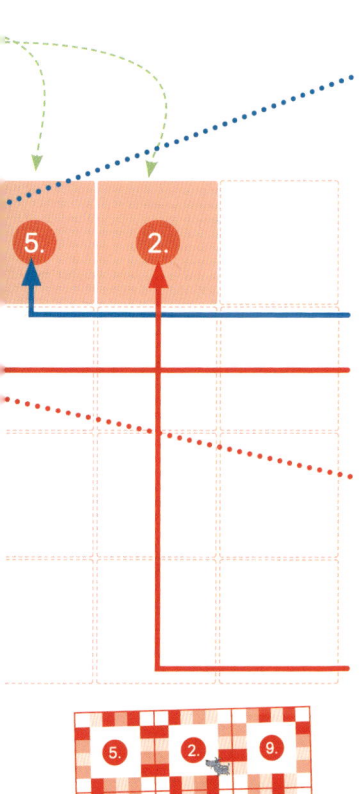

Beispielabbildung

der ___isch

die ___aus

Erste einfache Wörter

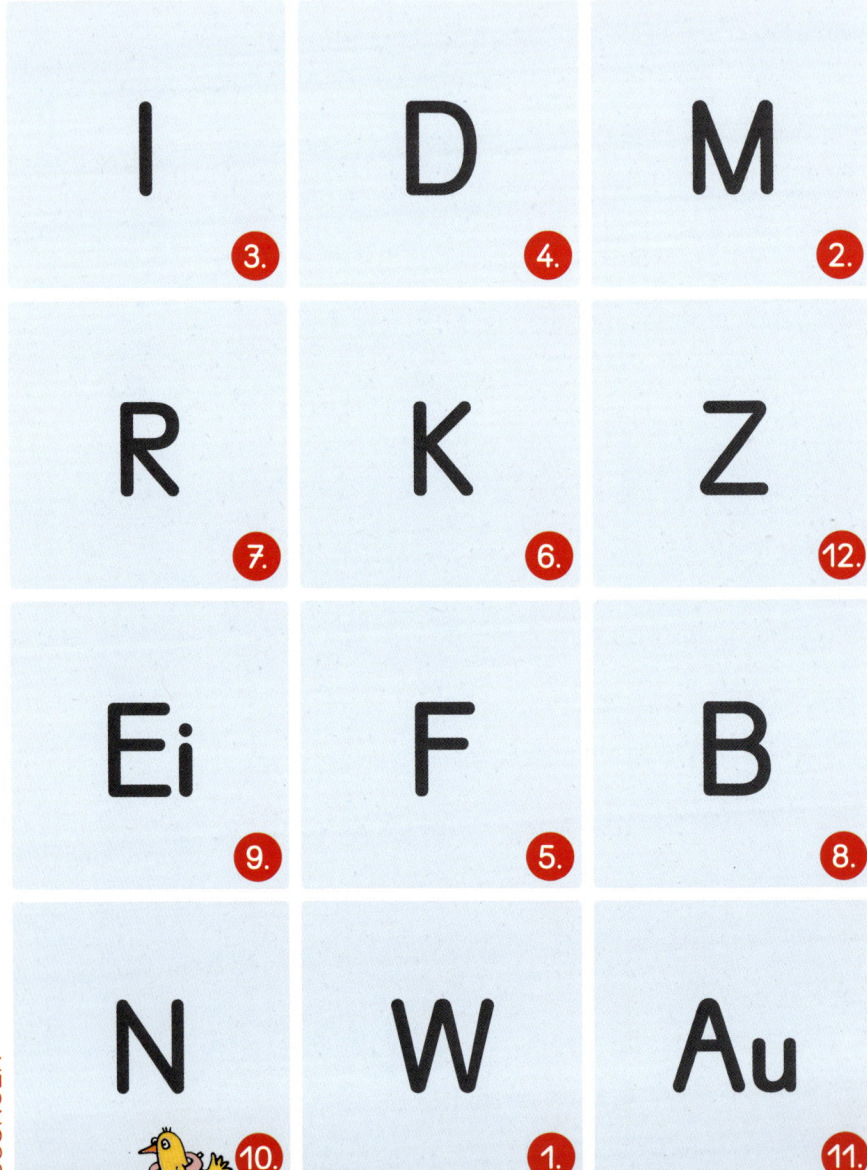

I 3.

D 4.

M 2.

R 7.

K 6.

Z 12.

Ei 9.

F 5.

B 8.

N 10.

W 1.

Au 11.

Welcher Laut fehlt?

A

der ......isch

B

die ......aus

C

das ......s

D

der ......us

E

die ......ose

F

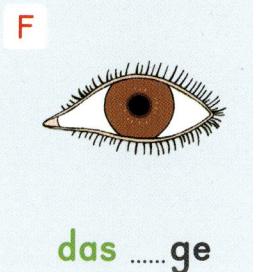

das ......ge

G

der ......al

H

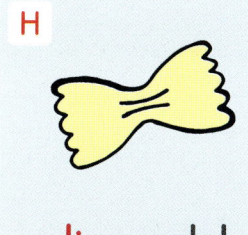

die ......udel

I

das ......amel

J

der ......aun

K

die ......ose

L

das ......glu

AUFGABEN

Anlaute zuordnen

LÖSUNGEN

Welcher Laut fehlt?

A der ….ut

B die ….upe

C das ….wein

D der ….pfel

E die ….pfel

F das ….las

G der ….sel

H die ….hr

I das ….berholverbot

J der ….fen

K die ….fen

L das ….adio

AUFGABEN

Anlaute zuordnen

Beispiel:

Aufgabe

A

der ____äger

Lösung

J

10.

Kontrollkarte

10.

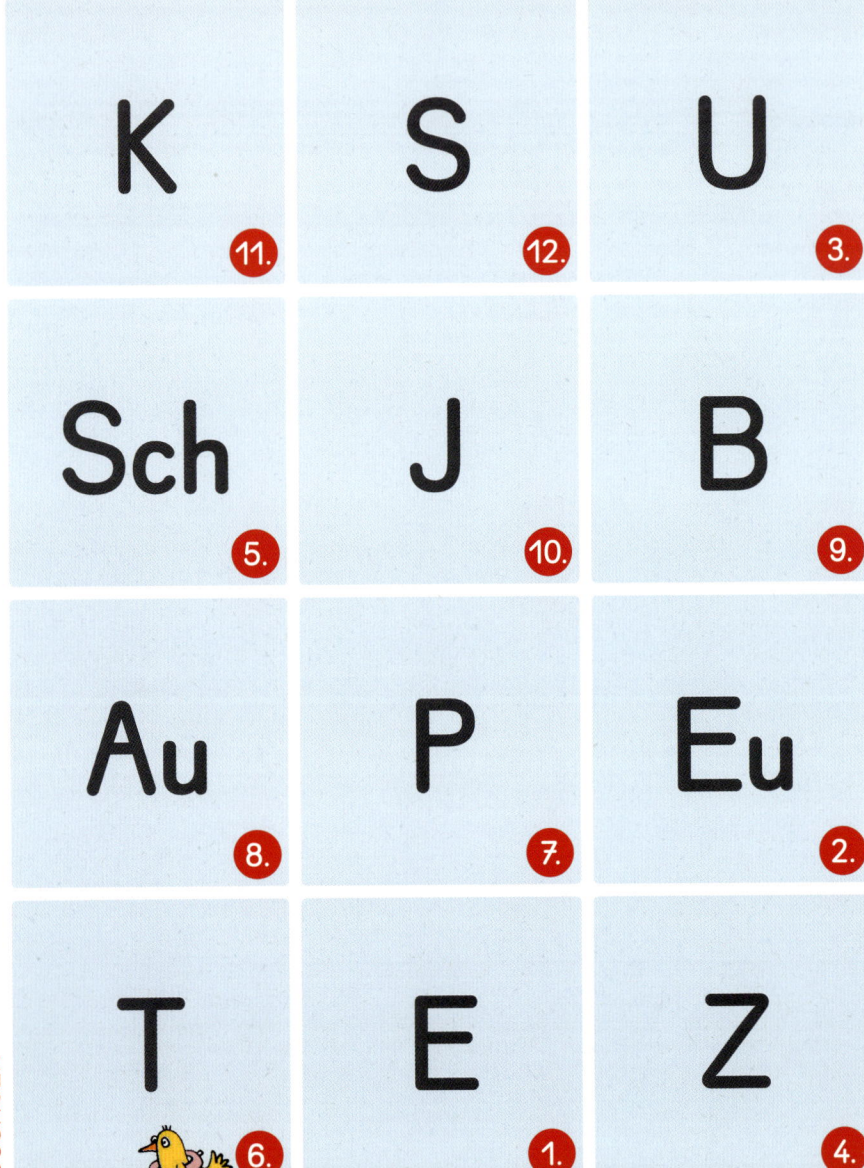

K
11.

S
12.

U
3.

Sch
5.

J
10.

B
9.

Au
8.

P
7.

Eu
2.

T
6.

E
1.

Z
4.

LÖSUNGEN

LEViSO

A

der _____äger

B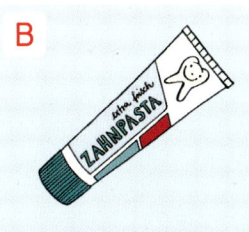

die _____ube

C

die _____nte

D

der _____ilz

E

der _____hu

F

das _____egel

G

der _____ro

H

die _____irne

I

das _____af

J

der _____irkus

K

die _____erze

L

das _____to

AUFGABEN

Anlaute zuordnen

Aufgabe

Lösung

Kontrollkarte

Beispiel:

A

der Papag.....

ei

11.

11.

u

1.

a

5.

o

6.

s

2.

z

10.

r

9.

n

7.

e

8.

ei

11.

l

4.

m

3.

sch

12.

LÖSUNGEN

LEViSO

Welcher Laut fehlt?

A

der Papag.....

B

die Melon.....

C

das Krokodi.....

D

der Din.....

E

der Uh.....

F

das Her.....

G

der Wur.....

H

der Fro.....

I

das Nashor.....

J

der Jäge.....

K

das Zebr.....

L

das Gla.....

AUFGABEN

Endlaute zuordnen

Beispiel:

ch	sch	l
2.	**8.**	**1.**
t	n	r
4.	**12.**	**10.**
u	a	s
6.	**3.**	**9.**
e	o	m
7.	**5.**	**11.**

LEViSO

A

der Ige.....

B

die Fede.....

C

das Igl.....

D

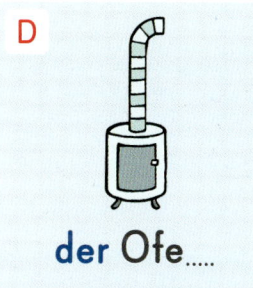

der Ofe.....

E

die Gurk.....

F

das Lam.....

G

der Eur.....

H

die Mil.....

I

das Ei.....

J

der Ti.....

K

der Saf.....

L

der Hel.....

AUFGABEN

Endlaute zuordnen

Beispiel:

Aufgabe

A

das Kreu.....

→ Lösung

z 12.

→ Kontrollkarte

12.

ch 9.	a 2.	o 10.
l 4.	e 7.	f 11.
m 5.	r 1.	n 8.
s 3.	sch 6.	z 12.

LÖSUNGEN

LEVISO

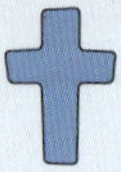

Welcher Laut fehlt?

A

das Kreu.....

B

die Ent.....

C

der Zirku.....

D

der Bau.....

E

die Om.....

F

das Bu.....

G

der Daume.....

H

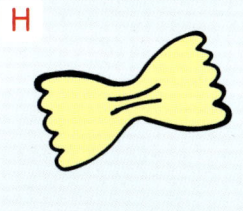

die Nude.....

I

das Scha.....

J

der Tige.....

K

das Aut.....

L

der Fi.....

AUFGABEN

Endlaute zuordnen

Beispiel:

Aufgabe

A

der .....

→ Lösung

Wal

2.

→ Kontrollkarte

2.

Rad

12.

Ei

8.

Wal

2.

Fisch

10.

Schal

3.

Auto

5.

Buch

1.

Zaun

4.

Hase

7.

Nase

6.

Eule

11.

Tisch

9.

LÖSUNGEN

LeViSO

Was passt zusammen?

A der .....

B der .....

C das .....

D der .....

E die .....

F das .....

G der .....

H die .....

I das .....

J der .....

K der .....

L das .....

Wörter mit einer und zwei Silben lesen

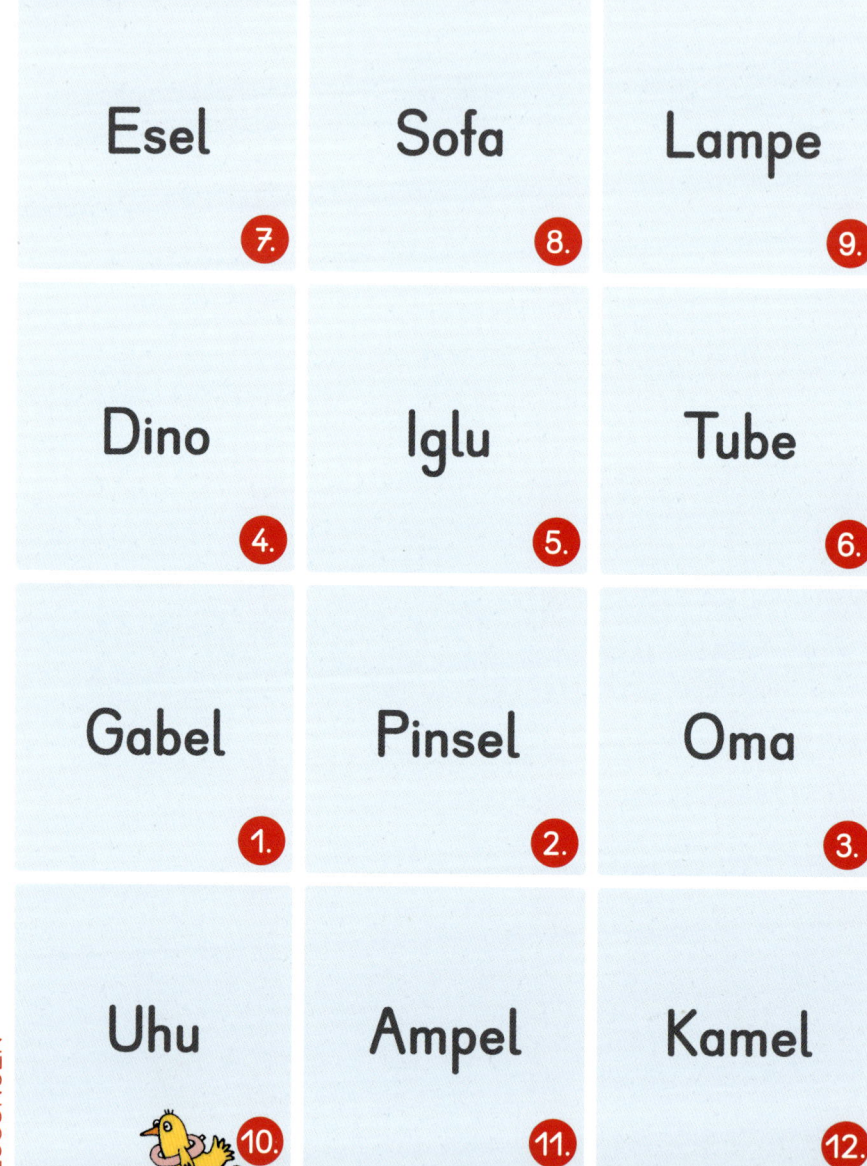

der .....

Dino

4.

4.

Esel

7.

Sofa

8.

Lampe

9.

Dino

4.

Iglu

5.

Tube

6.

Gabel

1.

Pinsel

2.

Oma

3.

Uhu

10.

Ampel

11.

Kamel

12.

LEViSO

Was passt zusammen?

A der .....

B die .....

C das .....

D der .....

E die .....

F die .....

G der .....

H die .....

I das .....

J der .....

K die .....

L das .....

AUFGABEN

Wörter mit zwei Silben lesen

A der ..... → Helm 6. → 6.

Wolke 5.

Mantel 4.

Muschel 9.

Raupe 1.

Zirkus 11.

Helm 6.

Blume 12.

Milch 8.

Regal 2.

Wurm 10.

Taube 7.

Anker 3.

LÖSUNGEN

LEViSO

Was passt zusammen?

A der	**B** die	**C** der .....
D der	**E** die	**F** die .....
G die	**H** die	**I**  das .....
J  der	**K**  die	**L**  der .....

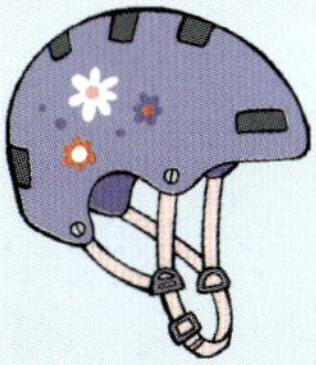

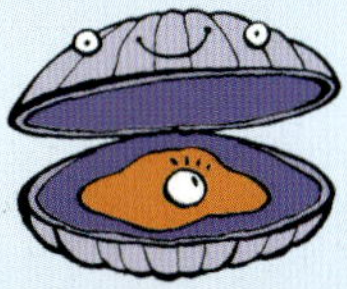

AUFGABEN

Wörter mit einer und zwei Silben lesen

Beispiel:

Aufgabe

A

der .....

→ Lösung

Jäger

7.

→ Kontrollkarte

7.

Zebra

12.

Tomate

6.

Ofen

2.

Schwein

1.

Seife

8.

Drachen

4.

Glas

3.

Bein

10.

Jäger

7.

Banane

9.

Flasche

5.

Melone

11.

Leviso

Was passt zusammen?

A der .....

B das .....

C das .....

D der .....

E die .....

F die .....

G der .....

H die .....

I die .....

J das .....

K die .....

L das .....

Wörter mit einer, zwei und drei Silben lesen

Aufgabe

A

die .....

Beispiel:

Lösung

Ameise

9.

Kontrollkarte

9.

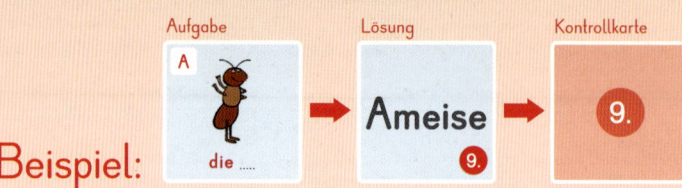

Rakete

8.

Nashorn

4.

Tasche

1.

Krokodil

10.

Zitrone

7.

Zirkus

3.

Banane

5.

Tomate

12.

Ameise

9.

Lineal

2.

Papagei

11.

Trompete

6.

LÖSUNGEN

LEViSO

Was passt zusammen?

A die .....

B die .....

C das .....

D der .....

E die .....

F das .....

G die .....

H die .....

I das .....

J der .....

K die .....

L die .....

AUFGABEN

Wörter mit zwei und drei Silben lesen

Aufgabe

Lösung

Kontrollkarte

A

der .....

→ Regen

8.

→ 8.

Beispiel:

Rose

7.

Taube

3.

Flasche

10.

Löwe

5.

Hose

12.

Traube

9.

Regal

11.

Schaf

6.

Möwe

2.

Tasche

4.

Schal

1.

Regen

8.

LÖSUNGEN

LEViSO

A

der .....

B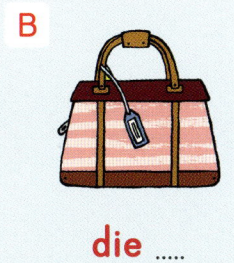

die .....

C

das .....

D

der .....

E

die .....

F

das .....

G

die .....

H

die .....

I

die .....

J

der .....

K

die .....

L

die .....

AUFGABEN

Ähnliche Wörter und Reimwörter mit einer und zwei Silben lesen

Lösungen

1

5.	2.	9.
8.	4.	11.
1.	10.	6.
12.	7.	3.

2

3.	12.	7.
9.	5.	2.
11.	8.	4.
6.	1.	10.

3

10.	6.	1.
7.	3.	12.
2.	9.	5.
4.	11.	8.

4

11.	8.	4.
6.	1.	10.
3.	12.	7.
9.	5.	2.

5

1.	10.	6.
12.	7.	3.
5.	2.	9.
8.	4.	11.

6

12.	7.	3.
5.	2.	9.
8.	4.	11.
1.	10.	6.

7

2.	9.	5.
4.	11.	8.
10.	6.	1.
7.	3.	12.

8

4.	11.	8.
10.	6.	1.
7.	3.	12.
2.	9.	5.

9

6.	1.	10.
3.	12.	7.
9.	5.	2.
11.	8.	4.

10

7.	3.	12.
2.	9.	5.
4.	11.	8.
10.	6.	1.

11

9.	5.	2.
11.	8.	4.
6.	1.	10.
3.	12.	7.

12

8.	4.	11.
1.	10.	6.
12.	7.	3.
5.	2.	9.

LEVISO

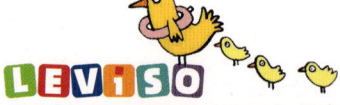